*radiografia das árvores*
Ivana Fontes

cacha
lote

*radiografia das árvores*
Ivana Fontes

| | |
|---|---|
| GENEALOGIA | 7 |
| TUDO É MAIS FÁCIL QUANDO NÃO SE TEM UM CORPO | 35 |
| FLECHA | 51 |
| AFUNDADOS | 69 |

# PARTE I
## GENEALOGIA

## ALIANÇA

### I.

em francês
mãe
tem o mesmo
som de
mar

### II.

dentro do ouvido
a concha sussurra
e acalma como um útero
antes era o sangue
a atravessar os quatro
cantos do corpo
agora o mar, diante de nós
também nos balança
encostamos a cabeça:
primeiro dançamos
em seu colo

### III.

nadar envolve sentir a correnteza
e medir a força com que
se pode tocá-la        sem se deixar levar

na água, nada se escuta
basta abrir os olhos
devagar
que tudo se vê

assim nascemos

IV.

tenho o mesmo nome
da minha mãe
carrego-o com cuidado
para não perdê-lo
em alguma onda
como uma aliança

O NOME DAS COISAS OU AS COISAS DOS NOMES

mas às vezes
procuro esse nome
e não vejo nada
tento fazer caber
então a pessoa
dentro do nome
ser mais mãe
e menos filha
mais poeta

há dias também
em que o próprio nome
engravida outros filhos
e duplica seu material genético
se costurando em outros tecidos
e contaminando todo o ambiente
com sua força de nomear
nesses dias sobram palavras
para uma única pequena coisa          *ou pessoa*

e mesmo assim frequentemente
nenhuma encaixa tão bem para as
suas pretendentes e aí precisamos
jogar algumas sementes e água
para que firme a raiz
e frutifique a palavra mais certa

a linguagem nasce da observação você diz
e eu concordo mas acrescento
e da invasão

porque hoje mesmo encontrei um nome
voando em um círculo no céu
e o trânsito parou incólume
esperando que eu o capturasse
para depois cozinhá-lo no poema
enquanto atravessava foi o nome
na verdade que me fisgou
e agora tento refazer os passos
como quem deixou cair algo pelas mãos

DIASTEMA

as linhas dos seus dentes
se destacam com o espaço entre eles
uma ponte      que chama atenção
para a distância e para a proximidade
de uma única vez

seu diastema um istmo
o mergulho entre
essa e aquela beira
o espaço entre
essa e a outra nota
a pausa (*aqui*)

música só se faz com
os brancos da partitura
terça quarta *pausa* sétima
imito você quando os invento
deixando soar seu assobio
avisando ao bando

## A CRIANÇA E O CEGO

a criança descobre
na palavra "catarata"
a opacidade
não se enxerga através
de uma queda d'água

ao explicar a cor
a um cego
podemos entregá-lo em troca
um cheiro
assim o verde teria cheiro de árvore
e o azul teria cheiro de mar

assim tento fazer trocas
e aproximações à criança
que risca com lápis nomes iguais
e coisas de mesma família
mel – abelha
pai – filho

depois de secar os olhos
tudo já é aspereza
agora vejo bem
mas ainda me persegue
a réstia turva da água

naquelas mãos pequeninas
que abraçam o tempo
e se embrulham nas minhas

# VAN DOUBOUT

*para Bruna, que atravessou o oceano Atlântico*

há pessoas que nascem no corpo
com uma bússola
e vão apontando-a
ao longo da vida
se aproximando mais e mais
do seus primeiros sonhos
como pista apenas
uma vontade de continuar
indo embora e se deixando
como o veleiro se permite
ser conduzido
pelos beijos ternos dos ventos
o mesmo veleiro em que
você agora se levanta
em direção à Europa
emocionada de pôr
os pés no oceano Atlântico
sem saber a profundidade abaixo
sem nenhuma terra ao redor
imagino como o oceano deve ser
à noite, espelhando as estrelas
também li sobre a gata que
já caçou um peixe-voador
tudo isso parece tão distante
apenas a cor azul te abraçando
e os monstros que você desenha

as criações de Bosch, todas elas
te acompanhando como nos antigos
mapas dos navegadores
sei que você ama as cartas
e por isso te escrevo e
te vejo de um satélite
você uma bolinha
vermelha no meio do oceano
um grão minúsculo na tela
antes de dormir leio
sophia de mello breyner
que diz: *todas as cidades são navios*
*carregados de cães uivando à lua*
e penso no seu barco-ilha
brilhando como uma cidade
correndo atrás dos instantes
que morrem e morrem e morrem

## AMPUTAÇÃO

desmembrar um sentimento
é como retirar um vidro
de dentro da pele

e constatar que a dor ainda pulsa
embora o vidro já seja visível
pequeno
quebradiço
entre as mãos

você o vê sente sua
extremidade pontiaguda
e no entanto o corpo não entende
sobre a função perdida do fragmento

é como subitamente
perceber uma ave faltando
no bando que atravessa os céus

e não saber reconhecê-lo
sem o espaço em branco
*mais evidente*
que todas as outras aves

AMOR

abro as gavetas de puxadores coloridos
e dentro delas desenhos, atlas geográficos,
contos de sereia

espero a noite para
dar um beijo na morte
e vejo cavalos
 [ao invés de ovelhas,

o que você vê, amor?
vejo um risco em torno
da folha, um traço brilhante
eu te vejo
e desaprendo um pouco mais
a me despedir

um passeio no
banco de trás da moto,
minhas mãos geladas
no seu peito, que
bate forte, ainda

estendo o riso nesse arrepio que
antecede o freio

somos o drible,

*o sopro*

VÉU DE NUVENS

> *"Tens uma máscara, amor*
> *Violenta e lívida"*
> Hilda Hilst

para aprender
o movimento das nuvens
deve-se começar decorando seus truques

quando leves flutuam sem esforço[1]
desfilam poses tons e jeitos
brincam de fingir outras formas
fazem e desfazem

já os emaranhados mais densos
são carregados
é que dentro deles
há mensagens cifradas
de outras civilizações

por um método semelhante de observação
anaximandro descobriu que o céu
não está apenas acima
mas também abaixo da Terra

---

[1] algumas passagens dialogam com o poema "Nuvens", de Wisława Szymborska.

revelaram esse segredo as estrelas
subindo ao lado da montanha
e descendo pela outra borda
antes de afundarem na beira do rio

olho para as nuvens
tento guardá-las assim
que dizem?

aos poucos o azul esmorece
e uma branca solidão
renova os cheiros da terra

sei que você vai chegar

## CEMITÉRIO

I.

há sinais
quando algo está prestes a
desaparecer

uma planta murchando
um corpo definhando
uma cor clareando
mas nem sempre

na América Latina
o número de desaparecidos
é o mesmo número de mortos

é só mais brando de dizer
como descansou ou
se foi (*assim parece
que foi permitido*)

é que alguns mortos
sabe-se onde estão
de outros ainda
se caçam os ossos

acontece de repente
um peso se desenha no ar
e buf sumiu mais um
tornou-se desaparecido

e não se fala mais nisso
só vão saber 40 anos depois
do mistério se diz fantástico

alguém finge estar procurando
outro finge estar perto do crime
e quando um mais atento sente o

cheiro do corpo a gente suprime
a coragem e ainda joga
mais uma pá de terra

II.

viajar pelo nordeste de carro
é um hábito brasileiro
de famílias de classe média

qual a plantação?
cana de açúcar
e agora? cana de açúcar

beira de estrada é bom
de desaparecer
é tudo igual não tem erro

quando não se sabe
onde o corpo descansa
o mundo inteiro é um cemitério

CARTOGRAFIA

I.

vejo velhas fotografias
de Buenos Aires em 2007
casa rosada, teatro colón
dou mais um clique: praça de maio

uma placa entalhada
pede a aparição
de Julio López
*con vida*

na mesma pasta
um casal conhecido
durante doze anos
os dois sorriem

é possível ver
as sombras das árvores
projetadas nas faces
as cores são esmaecidas

como se uma folha seca
restasse queimando ainda
no canto da foto
espalhando fumaça

os quadrados pixelados
se veem com zoom
não eram boas ainda
as câmeras digitais

dentro de um dos quadrados
o sorriso –
e um quadrado menor
para os dentes –

há algo nas poses
uma indicação de que
poderiam ser
suas últimas fotos

talvez seja o meu olhar
viciado na velhice de tudo

cinco anos depois
eu estaria naqueles
mesmos lugares

como uma exploradora
buscando colar
as fotografias
novas e velhas
umas nas outras

criando possíveis rotas
me detendo nas mesmas luzes
caminhando nas ruas vazias

II.

no dia 28 de junho de 2006
o senhor Julio López
contava o que viveu
na ditadura argentina
quase 40 anos depois

contava como Etchecolatz,
seu algoz, o torturou
e matou sua amiga
Patrícia Dell'Orto
enquanto gritava
*no me maten*
*quiero crear*
*mi nenita*
*mi hija*

contava pela primeira vez
aos filhos e aos netos
todas as coisas
das quais Etchecolatz
não se arrepende

apenas três meses depois
Julio almoçou com sua esposa
e seus filhos Gustavo e Rúben
fumou um ou dois cigarros
e ouviu uma partida de futebol

um dia normal não fosse a
ansiedade pelo próximo
no Palacio Municipal del La Plata
Etchecolatz seria condenado

mas aos 76 anos Julio López descobriria
ser ainda
*desaparecido*

López deveria esperar
o sobrinho levá-lo ao tribunal
mas não havia ninguém em casa
a porta não foi forçada
as luzes estavam apagadas

como se Julio tivesse saído e
caminhado tranquilamente
para o desaparecimento

ao contrário Etchecolatz viveria
até os 96 anos ainda que
preso viveria e

morreria sem dizer
onde Julio López descansa
*con o sin vida*

RASTRO

nossa última viagem
foi para Fortaleza
e por um tempo decidi
nunca mais voltar lá
poderia ter algo
na água no vento
talvez nas dunas
que trouxesse
a sua poeira
e me borrasse
a visão
mas dia desses
me perguntaram
onde você moraria?
e respondi automática Fortaleza
pode ter algo
na água no vento
que me traga
a sua visão

XIII

o Sol
espírito circundante
vai se despedindo por hoje

escondido ilumina
uma última cena
a chegada de um cavaleiro sem rosto

seu corpo assustador
carrega os ossos da eternidade
e conduzirá ao outro lado do rio

(lembro você contando
da estátua de Drummond
abraçada ao livro sem páginas
– ao menos a imagem, penso)

das estrelas de pedra
em sua haste
nascerão flores

e animais minúsculos
atestarão a vida
transformada, latejante

32      pensei que
        evitando o cavalo
        conseguiria fugir

        mas me deixe ir
        que amanhã
        quero assistir ao Sol nascer comigo

## PARTE II
## TUDO É MAIS FÁCIL QUANDO NÃO SE TEM UM CORPO

## TRANCA

o rastro das formigas
nos leva até onde era doce
há estranhos à mesa
animais a dar de braçadas
por baixo d'água dos tubos
balançam as construções
dentro dos bolsos a chave
os portões são diferentes embora
a localização indique este círculo
olho para as mãos e lembro do oráculo
*é a arte que te salvará é a estrela*
tentamos girar o cadeado
mais uma vez para entrar
e alguém confessa não é aqui
olho para dentro da casa escura
— não é mais


grilos surgem como lanternas
no terreno baldio novos corpos
empurramos a porta com força
a madeira range fina açoitando
a neblina da noite cortando


não alcanço a lembrança

## ESQUELETO

fixo na
gotícula míngua
atrás do vidro que
corre de um lado
para o outro

a chuva de junho
me mete medo

fui à várias cidades
e em cada uma só os ossos
o esqueleto
a arquitetura de mim
*o vazio*

sua voz entornando
*o vazio o vazio*
morri nessa estrada
pela primeira vez
e desde então
me pergunto onde?
em que altura da água
não deu mais
pra respirar?

pronuncio: *a palavra*
*também é vazia*
um esqueleto
agora em uma caixinha
que escondo na terra

enfeito seu corpo com penduricalhos e o fecho no armário como um cabide para admirar. tento abraçar mas se desfaz, é areia. choro. ensaio o ódio. vai se firmando algum chão. foco nos detalhes. dou play neste vídeo antigo, sei onde procurar quando quero achar. e agora sua voz no primeiro segundo assusta. não, não. naquele dia você não anda pelo lado esquerdo da calçada, você acorda e olha para o outro lado, decide atravessar e se proteger do sol. não há carros na calçada. não há calçada. não há dias, meses, anos. não há o tempo nocauteando.

um refúgio. o eterno movimento dos barcos, a música. algo no qual se entra e fica, lá de dentro, vendo o medo emborcar, derramando tudo. não se pode dizer a solidão, nada se conjuga com nada, eu entendo. mas esse corpo hoje será esconderijo. aqui escolho quem fica. se não sei guardar, uso a repetição pra conjurar os espíritos, como um mantra. obsessão em reter o que vejo, tanto escapa. quero fechar meu corpo junto ao seu, dois lembram melhor, quem sabe? não me deixe esquecer, tudo menos isso.

## CUSTA MUITO TEMPO

para assistir aos ossos
se acomodarem
dentro da carne
antes de voltarem
à superfície

TUDO É MAIS FÁCIL QUANDO NÃO SE TEM UM CORPO

I.

tenho me deixado vencer pelos sonhos
o sonho de que falo é distante
invisível
é um lugar
e embora
esteja lá em um segundo
nunca aprendo o caminho
ele sussurra ao meu ouvido
durante todo o dia
e em algum momento
consegue amarrar meu corpo
ele me pede segredo e por isso
nunca conto ao meu corpo
o que ele me mostrou
mas sei que sou feliz por lá
(tudo é muito mais fácil
quando não se tem um corpo)
deste lado os cenários mudam

mais

  devagar

temos que carregar o corpo
para todos os cantos
mas no sonho rio danço
escuto músicas e poemas
que não sei recitar
e não posso repetir
lá nunca tenho coxas
ou pés e boca
não me vejo
só enxergo os outros
se movendo e
se movendo e
se movendo
e é fácil admirar
e perder a hora

II.

dentro da mochila
dois rabos de gato
um pintadinho de onça
outro pretinho
estou na beira do rio e
um desespero percorre
o curso da água
onde guardá-los agora
que são meus?
o barco navega para longe

e a terra parece impossível
escondo os gatos de volta na mochila
penso que morrerão sem ar
e um tio aparece perguntando
tudo bem? sim claro
como confessar um crime
que nem lembro de cometer?
os rabos de gato se movem
como peixes em círculo na água
são membros que pensam
por conta própria
será que eles sabem
para onde ir?
*talvez possam*
*me mostrar o caminho*
o olhar de um animal
me captura debaixo d'água

não me acostumo com você
me vendo dormir

## GATO

I.

dois sóis brilham na negra noite
um caçador cheira o caminho no ar
mas a presa aqui neste apartamento
é apenas a carcaça do cronômetro

anda meticuloso
o tempo e o felino
desviando dos objetos

testando a gravidade
para as quedas

preparando com jeito
o ataque entre os lençóis

a presa apenas o vento
avançando sob o tédio das janelas

e a indiferença do concreto
cobrindo o bicho pela metade
um meio-rosto que espia meus dias

sua presença apenas um olhar
à espreita um vulto contínuo

que passa pela sala vazia
uma mancha no retrato

II.

seremos observadores de espécies
eu e você, bicho e besta

III.

há algo nessa cor escura
que parece de peixes
escama das águas, brilho azulado
espaços entre as costelas
teus olhos de vidro, serpente
orelhas em riste, suspeita
de perigo e desmantelo
a habilidade e a graciosidade
desajeitada
esburacando novos caminhos
batendo a cabeça e as patas
aos saltos
não desiste
o que quer encontrar
é a saída

## TRANSMUTAÇÃO

*Quem guardou o meu futuro*
*me dê*
Ednardo

I.

gosto de sentir meu coração
bater em outro corpo
outra superfície de pele
por alguns minutos
transmutar seu peso
                            para esse outro corpo
abandoná-lo como a um filho

II.

distância de resgate
é o tempo que leva
para salvar um filho
caso esteja em perigo

mesmo perto
a mãe não pôde
estancar o sangue

*– remo, o que você fez?*

lygia inverte
vermelho invade
e num gemido fino
é rômulo quem fecha os olhos

ao lado uma mosca pousa
no cadáver de um pombo amassado
é de se pensar ao menos o menino
morreu parecendo um anjo

despediu-se da mãe
de mãos dadas
ela não sabe
em quanto tempo
sua alma se partiu
em busca de outra

# PARTE III
## FLECHA

## INVOCAÇÕES

às vezes é bom retirar o pó, a traça das palavras
espanar bem e soprar pra longe mesmo que irrite
ou ao contrário quando mencionarmos "pássaro"
todos eles virão de norte a sul sobrevoar o poema
e quando mencionarmos "guerra" canhões vão
estourar e assustar os leitores que precisam de
pouco ruído para ouvir o que pesa no
centro do poema

se muitas palavras pesadas entram no poema
fica difícil carregá-lo para outros lugares
se muito leves talvez não se
entenda bem para quê carregá-lo
mas nenhuma palavra é exatamente leve
ou precisamente pesada
tudo depende de como
preparamos o ambiente para recebê-la
a casa está perfumada? os lençóis trocados?
às vezes ao tirar os sapatos a palavra
ganha uma outra cara, mais saudável
disposta a percorrer novas distâncias

em outras ocasiões se estressa
com o tratamento e se transforma
se digo que fui capturada, posso estar sendo
devorada ou não. posso ter me deparado com

54 uma imagem que me capturou
posso ainda afundar de vários modos
se não o digo afundo de todos os modos possíveis
mas não é feita de invocações a poesia?

ESCONDERIJO

*whimper*
em sua tradução
para o português
consta como
choramingar
ou soluçar

um lamento lento
derretido de lágrimas
como as de Fido
que em sua pedra
congela despercebido

mas *whimper*
também é ganido
voz de cão
pela última vez
grito sofrido

a depender da paisagem
*whimper* pode ser
decomposição
ou desvelo rápido
– varia ao que vem
acompanhado

se modificamos
uma única letra
trocando *whimper*
por *whisper*
o soluço passa a ser
sussurro

que é também
*segredar*
algo como guardar o segredo
em outro esconderijo
mostrar para esconder melhor – ou *preservar*

explicar para tornar mais difícil
a compreensão
confundir do fim ao início
guardando bem o núcleo
acreditar no escuro no clarão

*com o corpo se redirecionando*
*à terra*
congelar o
segredo
como pedra
até imóvel ser
como pedra é
gravada em solo
de arvoredo

LAMPEJO

trevas e clarão se unem
no raio tortuoso
  pôr o corpo à prova
      pronto a conduzir a descoberta da luz

em cada vértebra
a mudez das estruturas
uma multidão silenciada
      repousante

que essa insistência me roube

perdeu-se o barco do pensamento
agora posso escrever
na sombra da águia escandalosa     do silêncio
aproximando a chama dos dedos mas
sem queimar sem queimar

o instante de cintilância
estou a esquecê-lo
sua pele brilhante dá choques
por isso agora foi
mas o corpo ainda dormente

aprendo na morte a possibilidade
lançados os dados, um tabuleiro invisível
jogo sem saber o jogo mas sinto
toda agência é quase-falsa
latência na aposta dos dias

pensando em riscar papel já passou o instante
não é que não vá ser bom
mas eu era outra
era tudo simultâneo
era tudo impossível

PROPAGAÇÃO

a janela que dorme fechada
todos os dias
segura quase tudo
quase tudo que se passa

vidro, mais areia
que alumínio
imã de poeira
e de todas as coisas
sobre as quais fala o ar

perde alguma coisa
entre os grãos
mistura matéria e sonho
nunca juntos
sente baforar a dor

*todo corpo é atravessado*

madeira colorida
feixe de rapina amarela
não poder ver a vida que
se movimenta silenciosa

olhos fechados
a janela dorme fechada

60    *mas o ruído — quebradiço —*
      *permanece*

## É SEMPRE URGENTE

ouvir o compasso
penoso da sua
caixa torácica
e já mascar os dentes

ainda não consertamos
a torneira dos fundos
apertei mas a água
continua pingando
alguns dias discreta
em outros violenta

você consegue mas
sou de me incomodar
com o ruído
a vida é urgente

62      DÚVIDA

costelas me conduzem
                neste desfiladeiro
marcadas como dedos    na cerâmica

se estreita o caminho
do quadril à cabeça
que altiva se ergue

no horizonte quebram
as marés        um impulso
                    que se pretende
penso se devo

um amigo posta suas fotos
ao lado de um vulcão
nas bordas pequenas chamas
enfeitando a montanha
*dei sorte, as nuvens*
*poderiam não ter deixado*
dessa arte de escalar imagino
o fluxo de uma mão um braço
uma mão um braço
o corpo tipo equipamento
até antever a imagem impossível
a garganta da Terra
espirrando fogo
no lago aberto
do céu

correm raízes como veias
sonhando árvores frutos
ao lado os fungos limpam
com algodão os restos da morte
é quente a água dentro do corpo
é quente enquanto pode

## ANIMAL PACIENTE

tateio em seu corpo
o objeto perdido
com a boca

beijo
um lábio
anjo germinal

agora sou
animal paciente

sua imagem
redentora
fenda pro mundo

cavuco um pouco mais
estou quase encontrando
é um ímã

meus dedos deslizam
gosto da dança

descubro mais um caminho
e recomeço

beijo
um lábio
sua brancura lunar

lentamente
o mapa do seu corpo
me ensina o paladar

## SEM AS MÃOS

o lençol engelhado
se curva semelhante
à pele velha vertendo tão fina
emudecendo a si mesma
ensinando-se a ser assim
só pele

calada

67

# PARTE IV
# AFUNDADOS

## POSTE

um hálito bestial
se aproxima da minha orelha
ruge cada vez mais alto
sopesa violência e calma

essas árvores, radiografias
de pulmões em p&b
balançam cílios de folhas
erguem suas colunas vertebrais

envergam as cabeças para
contar segredos do futuro
são oráculos milenares
ergo a minha para ouvir

por trás das folhas
o chiado elétrico pipoca
corre um cachorro velho
algo se mexe ainda longe

num lampejo o clarão e o escuro
do poste que iluminou por último
o mijo dourado do mendigo
na madrugada caçador

72       se esquivando da lona
na qual tentam embrulhar seu corpo
pra virar caça, ainda não
antes a maldade

na radiografia das árvores um vulto
fantasma de sombra impressa
no escombro da noite sem nome
mendigo ou fantasma é mensageiro

uma lucidez caminha entre a loucura
como o raio ultimato
luz que cega   ao invés de tornar visível
e antecede a visão

NÃO PASSA NADA

tremeluzem as folhas verdes
calmas mas celebrantes
ninguém a pé na rua
só as correias das bicicletas
e os motores da honda biz

alguns pássaros impõem o
grito desesperado à quietude
que se incha coa feito café
avolumando na leiteira
goteja lentamente
um dois um dois

sufoco no compasso
na quase-imobilidade das árvores
massageando a paisagem
suas anti-raízes de cima para baixo
se embrenham nas nuvens
capturando de rapina o presente

como bichos os carros ameaçam
uns aos outros correm enguiçando
mas ainda dormem as construções
aterradoramente paradas
impondo suas forças de luto
a tudo que vai abaixo
dia após dia após dia

74 DEVIR-ANIMAL

solto o fio em direção
ao outro lado do rio
mas não se move
um peixe o ronda, morde

e antes de você perceber
treme a tela da câmera
balanço o fio de volta, mas
não entro na água
       [é áspera

aos poucos aprendo
o dialeto dos peixes
e a distância do fio
diminui

*o tempo*
*o tempo está*
*acabando*

sonho com nossos corpos
atravessando o Atlântico

[câmera parada
de frente pro mar]
[não há corte]

## PERNAS DE BAMBU

I.

o movimento da pedra a impede de afundar
apressada não se torna atraente ao solo
é que um corpo parado é mais pesado

a intempérie por sua vez move-a em
silêncio, melancólica, e devagar
prepara sua
queda violenta

todo mundo vê
o anúncio

II.

a água em pocinhas quando juntamos as mãos é leve
mas se misturarmos ao cimento ou à areia
eles a fazem mais pesada
acima, veja
não dá pra ver mais
o céu está infiltrado
pendurado pelas
pernas de bambu
das crianças

76

abrimos os olhos
e há uma rachadura  [póstuma]
no vidro da frente

tudo parece ter acabado agora
mas é aqui neste vão
nos destroços
arremessados pelo ar
o início de tudo

a violência
nos deixou mudos
mais até que a ausência
que sorrateira se agarra
a todos os móveis e memórias
ela virá, de novo

*mas quando?*
a violência
nos fez perder a capacidade
                              *quando?*
de confiar na espera

não sabemos parar de falar
porque temos
medo do silêncio

há quem diga que somos

obcecados pela violência
mas é ela que volta
como um fantasma
ao mesmo tempo
no passado e no futuro

voo para onde nos despedimos
os planetas faziam uma
aproximação perigosa
e um temporal havia
atingido a Terra

hoje nasce uma criança
nos escombros
de um terremoto

## FLAUTA

dirigir bem a voz é
controlar onde o
sopro vai ressoar
voz de cabeça
voz de peito
*é como tocar*
*uma flauta*
sem os dedos
transferindo o ar
para cada membro
ao se exercitar você
não sabe segurar bem
os pesos e digo é só
*transferir*
*a força*
aos poucos transfiro
os poemas da cabeça
para este livro
com as mãos
tento direcionar
o sopro

## NASCIMENTO II

o mar pariu essa cidade
sua placenta exposta
ainda assusta

os bichos se alimentam
na beira dele expulsando
a curiosidade dos turistas

seus filhos mordem a cor
do fruto da mãe a fome
tira dela o sangue machuca

vermelho vaza pelos lados
escorre pelas pernas do mar
o cheiro pesa por cima dos peixes

na areia os meninos racham
antes do entardecer
a brisa beija suas cabeças
benzendo, benzendo

a mãe se balançando já sabe
vigilante viu a cidade crescer
de todas a mais vil e ingrata

ainda sopra pela brisa
benzendo, benzendo
não desiste

AFUNDADOS

tremem os pés
separando-se em
dois blocos de terra

*ói por baixo como tá*
*ói pra aqui repare só*

sabemos nos equilibrar
e os sons dos estrondos
não assustam mais os ouvidos

*tudo branco tudo aberto*

racham-se as paredes
como as marcas nas
xícaras de cerâmica
e os galhos secos
desenhados nas pernas

*ói por baixo como tá*
*tudo branco tudo aberto*

a poeira nos leva para o fundo
oco de felinos e sonhos
e nossos nomes esfumaçam
escritos nos papéis à mesa

tossimos e lemos no muro

*a gente foi feliz aqui*

gritamos presos lá dentro
ninguém pode ouvir
são os nossos rostos
borrando nas águas
agora químicas
da Lagoa Mundaú

o pescador
aperta o sururu
nas mãos: está morto
*ói por baixo como tá*
*tudo branco tudo aberto*
*ói pra aqui repare só*

respiramos como peixe
pulando pra fora do rio
engolindo plástico

pela primeira vez faz frio
em dezembro
e os defuntos
tomam conta da cidade

## ONDA

a tempestade pode vir no corpo dos passarinhos dançando despretensiosa
pelo tanto aberto nos ossos desenterrados mastigados velhos carcomidos do
peito na asfixia do desejo na putrefação das memórias no arco da solidão
ela vem
ainda que se fechem as janelas que se tapem as goteiras que se reze muito
alto que se ponham todas as cruzes e vozes levantadas
ela vem
pelo medo ou pela distração estrondosa vazando as caixas d'água
destruindo o canto dos insetos a cor laranja os caquis das estradas e
alguém grita "eu sonhei, eu sabia, eu vi!"
ela vem
e o profeta já se foi e nada adiantou ser profeta e eu que aprendi a
nadar pra nada tudo que se passa aqui não passa de um naufrágio ele
não pôde avisar nós não pudemos entender mas lá vem ela vamos
mergulhe dentro dela
esteja cego nesse vórtice
e acorde em outro lugar

DURAÇÃO

I.

a terra se esquece
na estação seguinte
o delineado
da silhueta
no chão

II.

um casal se abraça há 1500 anos
e este talvez seja o abraço mais demorado já registrado
os ossos se entrelaçam empoeirados
e o crânio de um repousa no ombro do outro
foi o homem um arquiteto? a esposa uma artista?
ela usa um círculo em seu dedo anelar, mas ele não
pode ser uma aliança pode não ser afirmam arqueólogos
na dinastia chinesa em que viviam os dois corpos
viram esculpidas as estátuas budistas?
estão ali sem nome sem história
sem vida sem cheiro sem olhos
sem boca sem nariz sem mãos
mas se abraçam
há 1500 anos

III.

depois de escrever reparo
o incenso agora já na metade
essa pequena combustão
acalma a pressa do tempo
que a ampulheta acelera
no forno um foco vermelho
sossego: *acendeu*
o metal frio recebe o calor
me vejo no vidro escuro
enquanto sobe a massa
já foram cinquenta minutos
volto à mesa e o pó do incenso
no chão empoeira tudo de novo
assopro impaciente
lembro
*estou morrendo*

IV.

nas bordas o fogo distorce tudo
e ainda assim ilumina
o incenso conhece sua
base de madeira o fim
do carvão onde erigido
deixa-se ir porém
de pé espera
enquanto perfuma

## ENCAIXES DO PASSADO

minha memória é fraca
e necessito das reiterações
como nos fazem as listas de afazeres

nos poupando do que renderemos
ao imperativo do esquecimento

o envelhecimento é
antes de tudo
uma possibilidade

o futuro não existe
permanecemos como
encaixes tortos do passado

Cara leitora, caro leitor

A Cachalote é o selo de literatura brasileira do grupo Aboio.

Lemos, selecionamos e editamos com muito cuidado e carinho cada um dos livros do nosso catálogo, buscando respeitar e favorecer o trabalho dos autores, de um lado, e entregar a vocês, leitores, uma experiência literária instigante.

Nada disso, portanto, faria sentido sem a confiança que os leitores depositam no nosso trabalho. E é por isso que convidamos vocês a fazerem cada vez mais parte do nosso oceano!

Todas as apoiadoras e apoiadores das pré-vendas da Cachalote:

— têm o nome impresso nos agradecimentos dos livros;
— recebem 10% de desconto para a próxima compra de qualquer título do grupo Aboio.

Conheçam nossos livros e autores pelo site *aboio.com.br* e siga nossos perfis nas redes sociais. Teremos prazer em dividir com vocês todos nossos projetos e novidades e, é claro, ouvir suas impressões para sempre aprendermos como melhorar!

Embarque e nade com a gente.

**Cada livro é um mergulho que precisa emergir.**

Apoiadoras e apoiadores

Agradecemos às **275 pessoas** que confiaram e confiam no trabalho feito pela equipe da Cachalote.

Sem vocês, este livro não seria o mesmo.

A todos os que escolheram mergulhar com a gente em busca de vozes diversas da literatura brasileira contemporânea, nosso abraço. E um convite: continuem acompanhando a Cachalote e conheçam nosso catálogo!

Adriane Figueira Batista
Alexander Hochiminh
Allan Gomes de Lorena
Amanda Catharino
    Menezes Franco
Amanda Mafra de Escobar
Amanda Santo
Ana Barbara dos Santos
Ana Karolina Corado
Ana Maiolini
Ana Maria Vasconcelos
Ana Thereza Sanches
    Fernandes Távora
André Balbo
André Pimenta Mota
André Santa Rosa
Andreas Chamorro

Anna Martino
Anthony Almeida
Antonio Arruda
Antonio Pokrywiecki
Ari Denisson Da Silva
Ariane Regina Ribeiro Sapucaia
Arman Neto
Arthur Lungov
Barbara Luiza Ruiz de Brito
Beatriz Jatobá Vieira de Oliveira
Beatriz Tavares
Bianca Monteiro Garcia
Brenda Valéria Da Silva Martins
Bruna Lima Corado Carneiro
Bruno Coelho
Bruno Pontes de Miranda Vidal
Caco Ishak

Caio Balaio
Caio Girão
Calebe Guerra
Camilla Loreta
Camilo Gomide
Carla Guerson
Carla Setogutti
Carolina Soares Nunes Pereira
Cassia Vianna Bittens
Cássio de Araújo Silva Filho
Cássio Goné
Cecília Garcia
César Costa
Cintia Brasileiro
Claudine Delgado
Cleber da Silva Luz
Cristhiano Aguiar
Cristiane Casquet Elias
Cristiane Maria Guedes Fontes
Cristina Machado
Dandara Bianca Lima Fonseca
Daniel A. Dourado
Daniel Dago
Daniel Giotti
Daniel Guedes Porfírio Gentile
Daniel Guinezi
Daniel Leite
Daniel Longhi
Daniela Rosolen

Danilo Brandao
Danilo Silvestre
Denise Bento Patitucci Da Silva
Denise Lucena Cavalcante
Dheyne de Souza
Diana Navas
Diogo Mizael
Diogo Tenorio Cavalcante
Dora Lutz
Edilene Vieira
Eduardo Rosal
Eduardo Valmobida
Edwania Silva dos Santos
Gaia Nepomuceno
Eli Moraes
Elina Wanessa Ribeiro Lopes
Enzo Vignone
Erich Thomas Mafra
Fábio Franco
Fábio Roberto Lucas
Febraro de Oliveira
Flávia Braz
Flávio Ilha
Francesca Cricelli
Frederico da C. V. de Souza
Gabo dos livros
Gabriel Alencar de
        Barros Branco
Gabriel Cruz Lima

Gabriel Salvi Philipson
Gabriel Stroka Ceballos
Gabriela de Queiroz Fontes
Gabriela Machado Scafuri
Gabriela Romeu
Gabriela Sobral
Gabriella Martins
Gael Rodrigues
Giselle Bohn
Guilherme Belopede
Guilherme Boldrin
Guilherme da Silva Braga
Guilherme Pires
     Carvalho Arruda
Gustavo Bechtold
Gustavo Rosa Fontes
Guthierre Ferreira
Hanny Saraiva
Helder Costa
Helena Nazareno Maia
Heloisa Rocha
Henrique Emanuel
Henrique Lederman Barreto
Hermann José
     de Oliveira Costa
Ianara Alves Do Amaral
Iara Velasco e
     Cruz Malbouisson
Ícaro Drasan

Ingrid Oliveira
Iole Dantas de Omena
Ione Rosa
Isabela Fontes
Isabella Vieira Vilchez
Isabelle Cabral de Melo
Italo Almeida
Ivana de Barros Lima
Jadson Rocha
Jailton Moreira
Jefferson Dias
Jessica Ziegler de Andrade
Jheferson Neves
João Facchinetti
João Luís Nogueira
Jorge Lôbo
Jorge Verlindo
José Clíver Bandeira
     de Albuquerque
José Fábio Corado Carneiro
José Rodolfo de Farias Filho
Júlia Gamarano
Júlia Vita
Juliana Costa Cunha
Juliana Elias
Juliana Slatiner
Júlio César Bernardes Santos
Karen Daniele de
     Araújo Pimentel

Karen Lemes
Kika Chroniaris
Laércio Bispo dos Santos Jr
Laís Araruna de Aquino
Lara Galvão
Lara Haje
Laura Redfern Navarro
Leda Guerra
Lee Flôres Pires
Leitor Albino
Lena Raquel de Góis Santos
Leonam Lucas Nogueira
Leonardo Amaral
    Nunes Amorim
Leonardo Pinto Silva
Leonardo Zeine
Leopoldo Cavalcante
Leticia Almeida Silva
Lia Vale de Queiroz
Lili Buarque
Lolita Beretta
Lorenzo Cavalcante
Lucas Ferreira
Lucas Lazzaretti
Lucas Litrento
Lucas Verzola
Luciano Cavalcante Filho
Luciano de Barros Lima
Luciano Dutra

Luis Cosme Pinto
Luis Felipe Abreu
Luísa Machado
Luiz Eduardo Lyra Rocha
Luiza Leite Ferreira
Luiza Lorenzetti
Luiza Wanderley Lippo
Mabel
Maíra Thomé Marques
Manoel Alfredo Santos Lima
Manoela Machado Scafuri
Marcel Moreira
Marcela Roldão
Marcelo Conde
Marco Bardelli
Marcos Vinícius Almeida
Marcos Vitor Prado de Góes
Maria Aparecida Junqueira
Maria de Lourdes
Maria Fernanda
    Rosa Fontes Machado
Maria Fernanda
    Vasconcelos de Almeida
Maria Inez Porto Queiroz
Maria Luíza Chacon
Maria Luiza Lúcio
    Barbosa Gonçalves
Maria Vitória Rufino Lisboa
Mariana Donner

Mariana Figueiredo Pereira
Mariana Lima Corado Carneiro
Marina Avila
Marina de Lima Fontes
Marina Lourenço
Marina Viegas
  Moura Rezende Ribeiro
Mateus Borges
Mateus Magalhães
Mateus Santana
  Borges dos Santos
Mateus Torres Penedo Naves
Matheus Lima
Matheus Picanço Nunes
Mauro Paz
Michael Aliendro
Mikael Rizzon
Milena Martins Moura
Milena Tenório Da Costa
Nadja Rodrigues de Oliveira
Natalia Timerman
Natália Zuccala
Natan Schäfer
Nathalia Bezerra
Nathalia Leal
Nathallia Fonseca
Nathaly Felipe Ferreira Alves
Otto Leopoldo Winck
Patrícia de Barros Lima

Paula Corado dos Santos Alves
Paula Luersen
Paula Maria
Paulo Gustavo Guedes Fontes
Paulo Rodrigo Bueno Da Cruz
Paulo Scott
Pedro Ivo Rosa Fontes
Pedro Julio Corado
  Carneiro dos Santos
Pedro Torreão
Pietro A. G. Portugal
Priscila Simeão Silva Maduro
Rafael Atuati
Rafael Mussolini Silvestre
Rafaella Rosado
Raíssa Araújo Pacheco
Raphaela Miquelete
Renata Lima Corado Carneiro
Renato Bueno Da Cruz
Ricardo Kaate Lima
Ricardo Pecego
Rita de Podestá
Rochelle Lima Corado Carneiro
Rodrigo Barreto de Menezes
Rodrigo Ratier
Roseanne Rocha Tavares
Rossana Laranjeira
Samara Belchior da Silva
Sergio Mello

Sérgio Porto
Silvana Moura
            Pitombo Laranjeira
Silvia Porangaba Barbosa
Simone Barros Jobim
Sofia Rolim
Teresa Karine Barbosa
Tereza Valéria Barros Gomes
Thais Fernanda de Lorena
Thamires Silva Araujo
Thassio Gonçalves Ferreira
Thayná Facó
Thiago Carvalho Miranda
Tiago Moralles
Tiago Velasco
Valdir Marte
Vanessa Agra Barros
Vanessa Godoy
Vanessa Voloski
Vitória Floresta Fontes Faro
Walquiria Bezerra Ribeiro
Weslley Silva Ferreira
Whendell Feijó Magalhães
Wibsson Ribeiro Lopes
Yuri Rocha dos Santos Fontes
Yvonne Miller

PARTICIPARAM DESTA EDIÇÃO
EDIÇÃO André Balbo
CAPA Luísa Machado
REVISÃO Veneranda Fresconi
ORELHA Ana Estaregui
PROJETO GRÁFICO Leopoldo Cavalcante


EQUIPE ABOIO
PUBLISHER Leopoldo Cavalcante
EDITOR-CHEFE André Balbo
ASSISTÊNCIA EDITORIAL Gabriel Cruz Lima
DIREÇÃO DE ARTE Luísa Machado
COMERCIAL Marcela Roldão
COMUNICAÇÃO Luiza Lorenzetti

GRUPO
AB●IO

ABOIO EDITORA LTDA
São Paulo — SP
(11) 91580-3133
www.aboio.com.br
instagram.com/aboioeditora/
facebook.com/aboioeditora/

© da edição Cachalote, 2025
© do texto Ivana Fontes, 2025

*Todos os direitos reservados. Nenhuma parte desta obra pode ser reproduzida, arquivada ou transmitida de nenhuma forma ou por nenhum meio sem a permissão expressa e por escrito da Aboio.*

*Grafia atualizada segundo o Acordo Ortográfico da Língua Portuguesa de 1990, que entrou em vigor no Brasil em 2009.*

Dados Internacionais de Catalogação na Publicação (CIP)
Bruna Heller — Bibliotecária — CRB10/2348

F683r
    Fontes, Ivana.
        Radiografia das árvores / Ivana Fontes.– São Paulo, SP: Cachalote, 2025.
        86 p., [18 p.] : il. ; 16 × 19 cm.

    ISBN 978-65-83003-47-8

1. Literatura brasileira. 2. Poesia. 3. Poemas. I. Título

CDU 869.0(81)-1

Índice para catálogo sistemático:
1. Literatura em português 869.0
2. Brasil (81)
3. Gênero literário: poesia -1

Este primeira edição foi composta em Adobe Garamond Pro e Martina Plantijn sobre papel Pólen Bold 70 g/m² e impressa em abril de 2025 pelas Gráficas Loyola (SP).

A marca FSC® é a garantia de que a madeira utilizada na fabricação do papel deste livro provém de florestas que foram gerenciadas de maneira ambientalmente correta, socialmente justa e economicamente viável, além de outras fontes de origem controlada.